Alte Liebesbriefe

Aus vergilbten Briefen
erwacht
die Liebe der Jugend.
Ihr unendlicher Reichtum
entsteigt
dem alten Papier
und vergoldet das Heute.

Sieh an!
Solche Fülle
war Deine!
Nie wirst Du
ganz arm sein,
wenn Du Dich erinnerst.

Das zweite Sein

Es ist nur **ein** Leben,
das jedem gegeben,
aber Du kannst es
zweimal leben.

In alten Briefen
kannst Du lesen,
was vor Jahrzehnten
Dir wichtig gewesen.

Was Du einst besessen
und in Dir vergraben,
nun taucht's wieder auf.
Nichts ist ganz vergessen.

Vergangenes Glück,
vergangene Schrecken —
Du wirst alles
von neuem entdecken.

Du blickst wie auf
ein zweites Sein.
Und doch warst Du es.
Das Sein war Dein.

Kein Gedicht

Was bin ich denn?

Eine Frau
eine berufstätige Frau
eine schreibende Frau.

Was schreibe ich denn?

Geschichten, Gedichte
und viele lange Briefe.

Was lese ich denn?

Gedichte, Geschichten
Fachliches, Sachliches, Politisches.

Was höre ich denn?

Lebensgeschichten und Theorien
Liebesgeschichten und Haßberichte
und manchmal Musik.

Was träume ich denn?

Ängstigendes und Erwartetes
Quälendes und Problematisches
und sehr selten Beglückendes.

Wie lebe ich denn?

Ausgefüllt? Unerfüllt?
Angefüllt mit Sehnsüchten?
Ich weiß es nicht. Ich lebe.

Mein Haus

Mein Haus
ist der Schoß
in dem ich ruhe,

die Welt,
in der ich arbeite,
der Platz
für viele Menschen,
die auf mich warten.

Mein Haus
liegt in einem Garten
unter weitem Himmel
und hoch
über dem Gewimmel
des Verkehrs.

Groß sind
seine Fenster
pflanzenumrahmt
und immer bereit,
Sonne und Mond
zu begrüßen.
Immer offen
für die Dächer
zu ihren Füßen
und die Berge
am Horizont.

Mein Haus
begrüßt mich,
wenn ich es betrete,
und es umschließt mich,
wenn ich nachts bete
— mein Haus —

Ich lebe
die Länge
meiner Zeit,
die vorgegeben.

Jedoch mein Leben
nach den Seiten,
in die Weiten
auszudehnen,
geht mein Sehnen.

Viel will ich geben
und viel will ich nehmen
aus des Daseins
ungezählter Möglichkeiten.

Alt werden (1. Fassung)

Ich würde gern
noch viele Wege gehen.
Ich würde gern
noch viele Städte sehen.
Ich sehne mich
nach unbekannten Räumen,
vergangenen Kulturen
fremden Bäumen ...
und weiß doch, daß
ich nie sie sehen werde.
Denn meine Zeit
ist kurz auf dieser Erde.

Dies aber ward mir
doch zu sehn gegeben.
Der Menschen Seele
und der Menschen Leben.

Alt werden (2. Fassung)

So viele Wegen,
die Du nie mehr gehst.
So viele Menschen,
die Du nie mehr siehst.
So vieles Neue,
das Du kaum verstehst.
So viele Bücher,
die Du nie mehr liest.
So viel gelitten,
so viel schon gedacht,
so viele Dinge,
die Du schon gemacht!
Und immer noch
ist eine Zukunft offen.
Und ist sie auch begrenzt,
sie läßt dich hoffen.

Alt werden (3. Fassung)

Jedes Jahr
zeigt der Spiegel
neue Falten
im Gesicht.

Jedes Jahr
wird das leben
etwas schwerer
an Gewicht.

Durch die Last
von allen Dingen,
vom Versagen
und vom Ringen
ums Gelingen.

Zu erwarten
und zu hoffen
bleibt nicht all zu viel
mehr offen.

Erinnerung

So viele Menschen
gehn durch meine Tage,
bekannt aus früher Zeit
— und spät gefunden.

So viele Menschen
ziehn durch meine Nächte.
Im Traum wird ,,ehemals''
und ,,heut'' verbunden.

Vergangenheit
und Gegenwart
verschlingen
sich ineinander
wie ein Paar
von Ringen,
die — durch Erinn'rung angerührt —
teils hell,
teils düster
klingen.

Herbsterkenntnis

Ein ganzes Jahr lang haben wir erwartet
Sonnenwärme, Himmelsblau!
Doch die Tage brachten immer Wolken,
selten Helle, fast nur Grau.

Ein ganzes Leben haben wir gewartet
auf Erfüllung, Ruhe, Licht.
Was die Zeit uns gab, war sehr viel Dunkel,
sehr viel Sehnsucht und — Verzicht.

Arzt sein

Probleme
an mich herangetragen,
Gespräche
die den Schlaf verjagen.
Jedem
ein zugewandtes Gesicht,
Verständnis
für Liebe und für Verzicht,
,,Beruf" und ,,Privat" —
oft die Grenze verwischt,
immer ansprechbar sein
bis die Kraft erlischt.

Gedicht ohne Titel

Wie soll ich sie tragen,
diese Fülle von Schicksal,
die zu mir gebracht wird?

Wohin mit all dem Leid,
den Sorgen und Mißverständnissen
und den vielfältigen Ängsten,
die vor mir ausgebreitet werden?

Meine Seele sammelt sie alle,
und mein Hirn sucht nach Auswegen
und mein Mund sucht nach Worten,
die klären könnten oder trösten.

Aber meine Augen
brennen von Tränen,
die nicht geweint werden können.

Alten-Wohnstift (2. Fassung)

Hochhäuser grau
mit leuchtend bunten Tupfen
hunderter Blumenkästen
auf Balkonen.

Blick über weites Land,
in dichte Wälder.
Doch hinter hundert Scheiben
nur noch Rückblick.
Geschaute Weiten
— nicht mehr zu erreichen.

In siechen Körpern
zieh'n Erinnerungen
an lange schwere Leben
durch die Räume,
und in den Betten
wachsen wirre Träume
von längst Vergangenem,
Süßem und Bitterem.

Trotz bunter Tupfen
hunderter Balkone
trotz weitem Blick ...
Die Häuser bleiben grau.

Verlagerte Angst

Wir legen
nicht mehr
in Gottes Hände
das Ende
der Welt.

Uns ängst'gen
nicht mehr
Kometen
im Weltall.
Heute sind es
Raketen,
die man
auf Lager hält.

Wir sind fortgeschritten,
wir nehmen
es selbst
in die Hände,
der Erde Ende.

Man könnte glücklich sein ...

Das erste zarte Grün
in unseren Gärten,
die erste warme Sonne
auf der Haut,
zaghafte Vogelstimmen
in den Lüften,
die ersten Blüten
zwischen braunem Laub ...

Man könnte glücklich sein,
gäb's keine Bilder
von Krieg und Not und Blut
auf fernen Straßen.
Man könnte glücklich sein
auf dieser Erde,
wenn Menschen aufhörten
sich wild zu hassen.

Wir Menschen

Wir bauen Orgeln.
Es sind ihre Klänge,
die die Gewölbe
unsrer Kirchen füllen.

Wir bauen Panzer.
Es sind ihre Schüsse,
die fremde Straßen
in Gefechtslärm hüllen.

Wir kämpfen hart
um jedes Menschenleben
und schlagen doch
ein um die andre Wunde.
In uns ist Haß und Liebe
jede Stunde.
Zu tiefst gespaltenen Geists
sind wir im Grunde!

Nach der Stationierung von Atomwaffen

Ein Todesurteil
scheint gesprochen.
Wir sitzen in der Zelle
und warten auf Begnadigung.
Auf die Gnade
eines Schicksals,
das wir nicht beeinflussen könne.

So leben wir
zwischen Angst und Hoffnung.

Wie lange
kann man so leben?

Der Himmel

Einst war der Himmel
erdüberspannend
der Wohnsitz Gottes
und der Engel Schar,
die guten Menschen
zu beglücken.

Dann wurde er
zum Weltenraum.
Erfüllt
von Sonnen und Planeten
bot er ein Bild
vom unerforschten Walten
eines Gottes.

Erst unsrer aufgeklärten Zeit
war vorbehalten,
das, was der Menschheit
einstmals heilig war,
mit einem Arsenal
von Waffen
zu bestücken.

Sonnenuntergang in meinem Wohnzimmer

Noch ruht die Abendsonne auf den Büchern
und hüllt sie ein wie mit rotgoldenen Tüchern,
und ihre bunten Rücken leuchten satt.

Doch dann hat Dunst die Sonne aufgesogen,
die letzte Amsel ist zum Schlaf geflogen,
und alles Farbige wird grau und matt.

Abend I

Am Abend ist das Haus
sehr groß und leer.
Und Stille wohnt
dunkel, warm und schwer
in meinem Zimmer.

Von einer Lampe nur
ein gelber Schimmer
auf weißem Blatt.
Im Schatten mein Gesicht.

Aus Dunkelheit und Stille
wächst ein Licht.
Dies ist die Stunde,
da 'wird' ein Gedicht.

Abend II

Mit der Dunkelheit
keimt Sehnsucht auf.
Unbestimmte Sehnsucht keimt,
bis ich ganz von ihr erfüllt.

Mit der Müdigkeit
wächst Traurigkeit,
unbestimmte Traurigkeit
bis ich ganz von ihr erfüllt.

Stiller Abend

Mein Schaukelstuhl
bewegt sich
nur ganz leise.

Der Raum — erfüllt
von einer Schubertweise
von Träumen und Gedanken,
die auf Reisen
und die um hundert Dinge
langsam kreisen.

Das Mondlicht
streichelt sanft
die leeren Straßen,
die schrägen Dächer
und die schmalen Gassen.

Ich kann mich
in die Stille
fallenlassen.

Schlaflose Nacht

Es ist
so viel Schlaf
in mir,
und so viele Träume
liegen bereit
geträumt zu werden.
Aber sie bleiben
in dunklen Fächern
und entfalten
sich nicht.
Schon
wird der Himmel licht,
rötet sich
und findet mich
mit schweren Lidern
und müden Gliedern
im zerwühlten Bett.

Angstträume

So lange es Tag ist,
habe ich Mut
und sehe dem Kommenden
ins Gesicht.
Ich finde im ganzen
das Leben gut
und sehe im Dunkel
auch Licht.
Ich ängstige
mich nicht.

Erst im Dunkel
der Träume
werden Ängste wach
und breiten sich aus
in der Seele Räume.
Und ich werde
ganz schwach.

Durchwachte Nacht

Die Nacht war lang.
Hoch stand der Mond,
als ich mich niederlegte.
Was war es denn,
was mein Gemüt erregte
und mich zum Denken zwang,
obwohl ich träumen wollte?
War es sein weißes Licht
und seine Kühle?

Nun steht er
groß und gelb am Horizont
und geht im Dunst
des frühen Morgens unter.
Und ich in meinem Bett
ich wühle.
Der Tag beginnt
ich aber bin nicht munter.

Schweigsames Wochenende

Ein langes Wochenende
liegt vor mir,
sehr schweigsam
und sehr still.
Kein Mensch ist da,
zu dem ich sprechen könnte,
der mit mir sprechen will.

In meinem großen Hause
bin nur ich.
Ich tauche ein
in mich
und hole aus der Tiefe
die Gestalten,
die immer um mich sind
und die mich halten.

Ohne ,,Autogenes Training"

Meine Glieder
sind ganz warm ...
ganz schwer ...
mein Herz schlägt
gleichmäßig.
Mein Atem
geht ruhig.

Ein Schleier
von Müdigkeit
hüllt mich ein.
Nichts
möchte ich tun.

Nur die Wiese
soll sprechen
zu mir
oder der grüne Dom
aus Buchen
oder der Mond,
der noch immer
die Erde
geheimnisvoll macht.
Oder — vielleicht —
eine Melodie
oder ein Brief
aus liebendem Herzen.

Alle meine Poren
sind Ohren
um zu hören.
Nur antworten
möchte ich nicht.

Weihnachtsreise

Alle diese Leute
fahren zum Weihnachtsfest
zu Kindern
zu Eltern
zu Freunden
zur Frau ...

Ich stehe
auf dem Bahnsteig
und sehe
ihre Gesichter.
Dann sitze ich
im Zuge
und höre
ihre Gespräche.

Sie sind
gespannt
angespannt
abgespannt
oder einfach nur
entspannt.
Und ich sitze
zwischen ihnen
und bin
alles zugleich.

Stumme Gegenwart

Ich gehe durch den Wald,
und Du gehst neben mir.

Ich gehe ins Theater,
und ich spreche mit Dir.

Ich lese ein Buch,
und ich lese mit Dir.

Ich liege im Schlaf,
und Du lebst in meinem Traum.

Obwohl Du mir fern bist,
bist Du immer gegenwärtig.

Vorfrühling

Noch ist die Sonne mild
und streichelt mein Gesicht.
Die Bäume sind zart grün,
jedoch noch blüh'n sie nicht.

Noch ist der Himmel matt,
doch Bläue er verspricht.
Erwartung überall
auf eine Zeit voll Licht.

Frühling

Was doch ein wenig Sonne
alles kann:
Es blüht der Wald!
Was vorgestern
noch grau und tot erschien,
ist heute bunt
und voller Leben.
Viele tausend Blüten
öffnen ihren Kelch,
um ihre unscheinbaren,
kleinen Samen
dem sanften Frühlingswind
zu übergeben.

Heimweg am Abend

Sehr langsam
leuchten die Laternen auf,
erst rosafarben,
grün dann,
schließlich weiß,
dieweil der Himmel
immer dunkler wird.

Wie auf den Straßen
so auch in den Stuben
flammt Licht auf
und macht sie warm
und sichtbar
für mich,
die ich
nach einem langen Tag
nach Hause gehe.

Gesang begrüßt mich.
Sieh! auf der Antenne,
des Hauses allerhöchster Stelle,
sitzt eine Amsel,
und in letzter Helle
singt sie
ihr leidenschaftlich
schönes Lied.

Sommerabend

Nie singen die Vögel
so süß
nie leuchten die Rosen
so glühend
nie schimmern die Kirschen
so rot
aus dem Grün
ihrer Blätter.
Und nie
ist die Sehnsucht
— unbestimmbar
ins Nichts gerichtet —
so brennend
wie im Licht
der untergehenden
Sommersonne.

Schatten

Liegend
in gleißender
Sommermittagssonne
erscheinen
bunte Ringe
hinter den
geschlossenen Lidern,
langsam
sich verdichtend
zu Schatten,
dann zu Gestalten
eines flüchtigen Traumes
in der
Mittagssommersonne.

Gewitter

Nacht stürzt herab
vom Himmel
und verdrängt den Tag.
Ein Mantel von Sturm
hüllt ihn ein.
Fluten begraben ihn.

Aber nach einer Stunde
feiert er Auferstehung,
von Bläue bestrahlt.

Mein Garten dampft
und glitzert.
Doch in der Gosse
schwimmen
die Häupter meiner Rosen.

Garten nach einem Sommerregen

Noch glitzern Tränen
des Regens
auf Blättern und Blüten,
aber das zaghafte
Lächeln der Sonne
läßt sie schon trocknen.

Wie ein getröstetes Kind
nach bitterem Weinen
wendet sich langsam erheiternd
das Antlitz des Gartens
mir zu.

Sommertag

Ein Himmel,
wie im südlichen Gefilde.
Ein heißer Tag,
ein Abend voller Milde.

Ein Obstbaum
voll von überreifen Früchten
lädt ein
zu süßen, köstlichen Gerichten.

Ein Tag,
der Glück schenkt,
wenn man in ihm ruht
und nicht an gestern
und an morgen denkt.

Kakteen-Blüte

Aus stachligen,
fleischigen Kugeln
am langen Stiel
ein Blütenkelch.
Zart geformt,
unendlich zart getönt
und nachts
einen Duft verströmend,
der trunken macht.

Träumend
von heißen Tagen
und sternreichen Nächten,
sehnsüchtig wartend
auf ferne Insekten,
die dienen sollen
ihrer Fruchtbarkeit.

Aber statt der Insekten
neigt mein Gesicht
sich zu ihr
Und — gegen Morgen —
lehnt sich,
verausgabt an Schönheit und Duft,
die ermattete Blüte
an die Scheibe
des Fensters.

Eberesche im Herbst

Aus grauweißem Nebel
schält sich der Baum
langsam heraus.
Blauschwarze Vögel
picken knallrote Beeren
aus gelbrotem Laub.
Und allmählich schüttet
ein milchiger Himmel
blaßgelbes Licht
über allem aus.

Herbstlaub

Ich kann
es nicht lassen
wie ein Kind
die bunten Blätter
anzufassen.
Aufzuheben
diese leuchtende
hingestreute Pracht,
die der Wind
meinem Weg gegeben hat.

Halboffene Tür

Ich stehe vor Dir
wie vor einer Tür,
die nie weit genug
geöffnet ist.

Ein Teil meines ,,Ichs"
bleibt immer davor,
und nicht alles,
was ich sage,
dringt in Dein Ohr —
erreicht wirklich Dich!

Wir sind getrennt,
seit wir uns gefunden,
durch die halboffene Tür
aber dennoch verbunden.

Mir ist angst

Mir ist angst
vor dem Wiedersehn
mit Dir.
Du kennst mich
jung und blond
mit aufrechtem Gang
ein wenig unsicher
in Deiner Nähe
zärtlich und weich.

Du kennst
noch nicht Falten
um meinen Munde
weiße Strähnen
in meinem Haar
Bestimmtheit
Bitterkeit
bisweilen auch Härte
in meinen Worten.

Mir ist angst
vor dem Erschrecken
in Deinen Augen.
Bitte erschrick nicht!
meine Zärtlichkeit
ist geblieben.

Viel zu oft

Viel zu oft
fällt Dein Schatten
auf meine Wege,
erfrage ich
Dein Urteil,
überlege was Du
denken könntest.
Laß mich endlich los!
Befreie mich
von dieser ewigen
stummen Auseinandersetzung
mit Dir
der Du nur noch
in mir
existierst.

Rückblick

Auch damals
schien die Sonne.
Das Land lag
hingebreitet vor uns
wie unsere Zukunft.
Ich lag neben Dir
im Gras,
und liebte Dich,
meinen großen und starken Geliebten.

Heute
verdeckt Laub
den Blick übers Land.
Eingeschlossen
in einem grünen Raum
sitzt Du neben mir
im Gras,
und ich liebe Dich,
meinen großen und starken Sohn.

Für meine Kinder

Ich pflücke
Erinnerungen
wie Blumen
— leuchtende
und welke —
und winde sie
zum Kranz
meines Lebens.

Manche
würde ich gern
herausreißen,
aber sie haften.

Kinder,
legt den Kranz
in Gedanken
auf mein Grab
und seid
nicht traurig,
wenn Ihr
von mancher Blume
den Namen
nicht wißt.

Für O

So wie als Ungebor'ner
Du Dich regtest
und Tag und Nacht
in meinem Schoß bewegtest,
fühl ich auch
heute noch,
was dich bewegt
sich als Enttäuschung, Trauer
auf dich legt.

Ich möchte keine Angst
mehr um Dich fühlen,
um Dich und Dein Gemüt
das so labil —
Ängst, die sich in
meine Träume wühlen.

Aus Deinen Zweifeln
möcht' ich Dich befreien,
ich möchte, daß Du
heiter bist und froh
und daß die Menschen
gütig zu Dir seien.

Ich fühl' mich Dir
unendlich tief verbunden
und habe meine Ruh
erst dann gefunden,
wenn sie in Deiner Seele
eingekehrt.

Mütter und Söhne

Wir haben sie gelehrt
mit dem Löffel zu essen.
Wir haben ihnen gezeigt,
wie man eine Schleife macht,
und wir haben sie Vokabeln
und das „kleine Einmaleins" abgefragt.

Nun bauen sie
elektronische Geräte
und zeigen uns den Umgang
mit komplizierter Technik.

Wir haben ihnen
den Sockel gebaut,
auf dem sie nun stehen
und sich emporstrecken
und nach den Sternen greifen
und so vieles begreifen,
was für uns
unfaßbar ist.

Sie erscheinen uns
unheimlich groß,
indes wir
immer kleiner werden.

Muttertag

Es ist Muttertag,
und ich denke
an Dich, meine Mutter.
Seit zwanzig Jahren
lebst Du nicht mehr
Dein eigenes Leben,
aber Du lebst
in mir.

Alles was Du
in Deinem langen Leben
getan hast für mich
hast Du
aus Liebe getan.
Das weiß ich,
obwohl es mir
nicht immer
richtig erschien.

Aber alles,
was ich — vielleicht —
für Dich getan habe,
war es immer richtig?
Habe ich
Dich genug geliebt?

Heute
verstehe ich Dich besser,
als zu der Zeit,
da Du lebtest

Immer
bleibt ein Rest
Unverstandenes
zwischen Müttern
und ihren
erwachsenen Kindern

Jedoch wichtiger
als Verständnis
ist Liebe.

Heute ist Muttertag
und ich denke
mit großer Innigkeit
an Dich.

Für Nora (zu ihrem 1. Geburtstag)

Du greifst nach allem,
um es zu begreifen
und weil es Dir gefällt.

Jedoch die Welt,
sie ist nicht zu begreifen,
und unverständlich bleibt,
was Menschen tun,
sie und sich selbst
kaputt zu machen.

Allein Dein fröhliches
und süßes Lachen
schenkt Hoffnung,
daß die Menschen
langsam reifen.

Inhaltsverzeichnis

Alte Liebesbriefe	3
Das zweite Sein	4
Kein Gedicht	5
Mein Haus	6
Ich lebe	8
Alt werden, 1. Fassung	9
Alt werden, 2. Fassung	10
Alt werden, 3. Fassung	11
Erinnerung — Bild von Marion Heerup	12
Erinnerung	13
Herbsterkenntnis	14
Arzt sein	15
Gedicht ohne Titel	16
Alten-Wohnstift	17
Verlagerte Angst	18
Man könnte glücklich sein	19
Wir Menschen — Bild von Marion Heerup	20
Wir Menschen	21
Nach der Stationierung	22
Der Himmel	23
Sonnenuntergang	24
Sonnenuntergang — Bild von Marion Heerup	25
Abend I	26
Abend II	27
Stiller Abend — Bild von Marion Heerup	28
Stiller Abend	29
Schlaflose Nacht	30
Angstträume	31
Durchwachte Nacht	32
Durchwachte Nacht — Bild von Marion Heerup	33
Schweigsames Wochenende	34
Ohne ,,Autogenes Training''	35
Weihnachtsreis	36
Stumme Gegenwart	37
Vorfrühling	38
Frühling	39

Heimweg am Abend	40
Sommerabend	41
Schatten	42
Schatten — Bild von Marion Heerup	43
Gewitter — Bild von Marion Heerup	44
Gewitter	45
Garten nach einem Sommerregen	46
Sommertag	47
Kakteen-Blüte — Bild von Marion Heerup	48
Kakteen-Blüte	49
Eberesche im Herbst	50
Herbstlaub	51
Halboffene Tür	52
Mir ist angst	53
Viel zu oft	54
Rückblick	55
Für meine Kinder	56
Für O.	57
Mütter und Söhne	58
Muttertag — Bild von Marion Heerup	59
Muttertag	50
Für Nora zum 1. Geburtstag	62